Losvania Pereyra
El CEO EN CÓMO HACERSE VIRAL EN
TIKTOK

Guía completa para hacerse viral en TikTok explicado paso a paso

El CEO EN CÓMO HACERSE VIRAL EN TIKTOK
©Losvania Pereyra 2024 All rights reserved

Kindle direct publishing

2024 Editions: Kindle e-book, paperback, Hardcover

Índice

1. **Introducción**
   - Objetivo del libro
   - Importancia de TikTok en la actualidad
   - Breve historia de TikTok
2. **Entendiendo TikTok**
   - Qué es TikTok
   - Cómo funciona el algoritmo
   - Diferencias con otras redes sociales
3. **Creando tu Perfil**
   - Elección del nombre de usuario
   - Configuración del perfil (biografía, foto de perfil)
   - Importancia de un perfil atractivo
4. **Conociendo a tu Audiencia**
   - Identificación del público objetivo
   - Análisis de tendencias y preferencias
   - Herramientas para conocer a tu audiencia
5. **Creación de Contenido Viral**
   - Tipos de contenido popular en TikTok
   - Cómo crear contenido original y atractivo
   - Uso de música y efectos
6. **Técnicas de Grabación y Edición**
   - Herramientas de grabación y edición en la app
   - Consejos para una buena iluminación y calidad

de video
- Técnicas avanzadas de edición

7. **Estrategias para Aumentar la Visibilidad**
   - Uso de hashtags efectivos
   - Colaboraciones y duetos
   - Publicación en horarios óptimos

8. **Interacción con la Comunidad**
   - Responder comentarios y mensajes
   - Crear desafíos y tendencias
   - Participación en la comunidad de TikTok

9. **Analizando el Desempeño**
   - Uso de analíticas de TikTok
   - Interpretación de métricas clave
   - Ajustes basados en el rendimiento

10. **Manejo de la Fama y Crecimiento Sostenible**
    - Cómo manejar la fama y la atención
    - Estrategias para mantener el crecimiento
    - Monetización en TikTok

11. **Errores Comunes y Cómo Evitarlos**
    - Errores típicos de los creadores de contenido
    - Cómo aprender de los errores
    - Ejemplos de casos de estudio

12. **Recursos Adicionales**
    - Herramientas y aplicaciones recomendadas
    - Cursos y tutoriales adicionales
    - Comunidades y grupos de apoyo

13. **Conclusión**
    - Resumen de puntos clave
    - Consejos finales
    - Motivación para seguir creando

14. **Anexos**
    - Plantillas para planificación de contenido
    - Ejemplos de perfiles exitosos
    - Listas de verificación para videos

INTRODUCCIÓN

En la era digital actual, TikTok se ha convertido en una de las plataformas de redes sociales más influyentes y populares del mundo. Con millones de usuarios activos diariamente, la aplicación ofrece una oportunidad sin precedentes para que cualquier persona pueda compartir su creatividad, talento y personalidad con una audiencia global. Desde desafíos de baile hasta tutoriales de maquillaje y momentos de la vida cotidiana, TikTok ha transformado la manera en que consumimos y creamos contenido. Pero, ¿qué hace que algunos videos se vuelvan virales mientras otros pasan desapercibidos? Este libro busca responder esa pregunta y proporcionarte las herramientas necesarias para destacar en esta plataforma.

TikTok no es solo una plataforma de entretenimiento; es una comunidad vibrante y dinámica donde las tendencias cambian rápidamente y el contenido auténtico se valora enormemente. A diferencia de otras redes sociales, TikTok utiliza un algoritmo único que permite que cualquier video tenga la oportunidad de volverse viral, independientemente del número de seguidores del creador. Esto democratiza el acceso a la fama y ofrece a todos una oportunidad justa de ganar visibilidad. Sin embargo, entender cómo funciona este algoritmo y cómo aprovecharlo a tu favor es esencial para tener éxito.

En este libro, exploraremos desde los conceptos básicos de TikTok hasta las estrategias más avanzadas para crear contenido que no solo atraiga a tu audiencia, sino que también incremente tus posibilidades de volverte viral. Descubriremos las mejores prácticas para crear un perfil atractivo, identificar y entender a tu audiencia, y desarrollar contenido que resuene con ellos. Además, aprenderás técnicas de grabación y edición que te ayudarán a mejorar la calidad de tus videos y captar la atención de los espectadores desde los primeros segundos.

También abordaremos la importancia de la interacción con la comunidad de TikTok. Responder a los comentarios, participar en desafíos y colaborar con otros creadores son aspectos cruciales para aumentar tu visibilidad y construir una base de seguidores leales. A través de ejemplos prácticos y estudios de casos, verás cómo otros creadores han logrado hacerse virales y qué puedes aprender de sus éxitos y errores.

Para maximizar tu éxito en TikTok, es vital analizar y comprender las métricas de desempeño de tus videos. Este libro te guiará en el uso de las herramientas de analíticas de TikTok para interpretar los datos y ajustar tu estrategia de contenido en consecuencia. Aprenderás a identificar qué tipo de contenido funciona mejor para tu audiencia y cómo optimizar tus publicaciones para alcanzar una mayor visibilidad.

Finalmente, exploraremos cómo manejar la fama y mantener un crecimiento sostenible en la plataforma. La viralidad puede traer una atención repentina e intensa, por lo que es importante estar preparado para manejarla de manera efectiva. También discutiremos las oportunidades de monetización en TikTok y cómo puedes convertir tu pasión por crear contenido en una fuente de ingresos.

Con este libro, no solo obtendrás conocimientos y estrategias prácticas para tener éxito en TikTok, sino que también te inspirarás para explorar tu creatividad y conectar con una audiencia global. ¡Prepárate para embarcarte en un viaje emocionante hacia la viralidad en TikTok!

Punto 1: Objetivo del Libro

El objetivo principal de este libro es proporcionarte una guía completa y detallada para lograr el éxito en TikTok. A través de una combinación de teoría y práctica, aprenderás cómo crear contenido atractivo, interactuar con tu audiencia y aprovechar el algoritmo de TikTok para aumentar tus posibilidades de volverte viral. Este libro está diseñado tanto para principiantes que recién están comenzando en TikTok como para creadores experimentados que buscan mejorar su estrategia y alcanzar nuevas alturas.

Además de enseñarte las mejores prácticas y estrategias, este libro también tiene como objetivo inspirarte a explorar tu creatividad y autenticidad. TikTok es una plataforma donde la originalidad y la personalidad juegan un papel crucial en el éxito. Al fomentar tu creatividad y animarte a ser auténtico, este libro espera ayudarte a encontrar tu voz única en TikTok y destacarte entre la multitud.

Otro objetivo clave es proporcionarte las herramientas y conocimientos necesarios para analizar y comprender el desempeño de tus videos. El uso efectivo de las analíticas de TikTok te permitirá tomar decisiones informadas y ajustar tu estrategia en función de lo que funciona mejor para tu audiencia. Este enfoque basado en datos es esencial para mantener un crecimiento constante y sostenible en la plataforma.

Asimismo, este libro busca ayudarte a construir una comunidad sólida y leal en TikTok. La interacción y la participación son fundamentales para el éxito en esta plataforma, y aprenderás cómo responder a los comentarios, participar en desafíos y colaborar con otros creadores para aumentar tu visibilidad y conectar con tu audiencia de manera significativa.

Finalmente, este libro pretende prepararte para manejar la fama y las oportunidades de monetización que pueden surgir a medida que creces en TikTok. Aprenderás a manejar la atención de manera efectiva, proteger tu bienestar mental y emocional, y explorar diversas formas de monetizar tu contenido para convertir tu pasión en una fuente de ingresos.

En resumen, el objetivo de este libro es ser tu guía completa y confiable en tu camino hacia el éxito en TikTok, ofreciéndote estrategias prácticas, inspiración y apoyo para que puedas alcanzar tus metas y disfrutar del proceso de crear y compartir contenido en esta emocionante plataforma.

Punto 2: Importancia de TikTok en la Actualidad

TikTok ha emergido como una de las plataformas de redes sociales más influyentes de nuestra era, transformando la manera en que consumimos y compartimos contenido. Desde su lanzamiento en 2016, la aplicación ha crecido exponencialmente, alcanzando más de mil millones de usuarios activos mensuales a nivel global. Este crecimiento fenomenal se debe a varios factores clave que hacen de TikTok una plataforma única y poderosa en el panorama digital actual.

2.1. Alcance Global y Diversidad de Usuarios

TikTok es una plataforma verdaderamente global, accesible en más de 150 países y disponible en 75 idiomas. Esta diversidad permite a los creadores conectar con una audiencia amplia y variada, cruzando barreras culturales y lingüísticas. Los usuarios de TikTok abarcan diferentes edades, géneros y antecedentes, lo que proporciona un ecosistema rico y variado para la creación y el consumo de contenido. La capacidad de alcanzar y resonar con una audiencia global es una de las razones por las cuales TikTok se ha convertido en una herramienta poderosa para la comunicación y el entretenimiento.

2.2. Algoritmo de Recomendación Avanzado

El algoritmo de TikTok es uno de los más sofisticados en el ámbito de las redes sociales, diseñado para mostrar a los usuarios contenido altamente personalizado en su página "Para Ti" (For You Page). Este algoritmo analiza las interacciones del usuario, como los videos que les gustan, comparten y comentan, así como el tiempo que pasan viendo cada video, para ofrecerles contenido que se ajuste a sus intereses. Esto significa que cualquier video, independientemente del número de seguidores del creador, tiene el potencial de volverse viral si capta la atención del público. Este enfoque democratiza la creación de contenido y permite que nuevos talentos se descubran rápidamente.

2.3. Formato de Contenido Breve y Atractivo

El formato de videos cortos de TikTok, que varía entre 15 segundos y 3 minutos, se adapta perfectamente a los hábitos de consumo rápido y eficiente de contenido de la generación actual. Este formato permite a los creadores ser creativos y concisos, capturando la atención de la audiencia rápidamente. Además, la naturaleza breve de los videos facilita que los usuarios vean múltiples videos en una sola sesión, aumentando las posibilidades de que un video se vuelva viral.

2.4. Herramientas de Creación y Edición

TikTok ofrece una amplia gama de herramientas de creación y edición que permiten a los usuarios producir contenido de alta calidad directamente desde sus dispositivos móviles. Estas herramientas incluyen filtros, efectos, música, texto, y opciones de edición avanzada como la sincronización de labios y la realidad aumentada. La accesibilidad y facilidad de uso de estas herramientas democratizan la producción de contenido, permitiendo a cualquier persona crear videos atractivos y profesionales sin necesidad de equipo o software costoso.

2.5. Cultura de la Participación y Comunidad

Una de las características distintivas de TikTok es su fuerte cultura de participación y comunidad. Los usuarios no solo consumen contenido, sino que también se involucran activamente a través de comentarios, duetos, desafíos y colaboraciones. Esta interacción constante fomenta un sentido de comunidad y pertenencia, motivando a los usuarios a ser creativos y a participar en tendencias virales. Los desafíos y las tendencias, en particular, juegan un papel crucial en la viralidad del contenido, ya que motivan a los usuarios a recrear y adaptar ideas populares a su propio estilo.

2.6. Impacto Cultural y Social

TikTok no solo es una plataforma de entretenimiento, sino que también tiene un impacto significativo en la cultura y la sociedad. Ha lanzado carreras de artistas, músicos y creadores de contenido, y ha influido en la moda, la música, y el comportamiento social. Las tendencias y los desafíos de TikTok a menudo trascienden la plataforma, influyendo en otras redes sociales y en la vida cotidiana de las personas. Además, TikTok ha sido utilizado para campañas de concienciación social, activismo y educación, demostrando su potencial como una herramienta para el cambio social positivo.

2.7. Oportunidades de Monetización y Crecimiento Profesional

Con el crecimiento de TikTok, también han surgido numerosas oportunidades de monetización para los creadores de contenido. Programas como el Fondo para Creadores de TikTok, las asociaciones de marca, y las ventas de mercancías permiten a los usuarios convertir su pasión por crear contenido en una fuente de ingresos. TikTok también ha facilitado el descubrimiento de nuevos talentos, ofreciendo una plataforma donde los creadores pueden mostrar su trabajo y captar la atención de agentes, marcas y audiencias globales.

En conclusión, la importancia de TikTok en la actualidad radica en su capacidad para conectar a una audiencia global a través de contenido creativo, diverso y atractivo. Su algoritmo avanzado, herramientas accesibles y cultura de participación hacen de TikTok una plataforma única y poderosa que continúa moldeando el panorama de las redes sociales y la cultura digital.

Punto 3: Breve Historia de TikTok

TikTok, conocida por ser una de las aplicaciones de redes sociales de más rápido crecimiento, tiene una historia fascinante que refleja su evolución y ascenso meteórico en el mundo digital. Para entender cómo TikTok ha llegado a convertirse en un fenómeno global, es útil conocer los hitos clave en su desarrollo.

3.1. Los Inicios de Douyin en China

La historia de TikTok comienza en septiembre de 2016, cuando la compañía tecnológica china ByteDance lanzó una aplicación llamada Douyin en el mercado chino. Douyin fue diseñada como una plataforma para compartir videos cortos, con un enfoque en la creatividad y la facilidad de uso. La aplicación ganó rápidamente popularidad en China gracias a su interfaz intuitiva y las potentes herramientas de edición que ofrecía a los usuarios.

3.2. Expansión Global: El Nacimiento de TikTok

Reconociendo el potencial global de su plataforma, ByteDance decidió expandirse más allá de China. En septiembre de 2017, lanzó una versión internacional de Douyin llamada TikTok. La aplicación mantuvo las mismas características clave que Douyin, pero se adaptó para atraer a usuarios de todo el mundo. La estrategia de ByteDance de centrarse en contenido local en cada mercado ayudó a TikTok a ganar tracción rápidamente en varios países.

3.3. Adquisición de Musical.ly

Un hito crucial en la historia de TikTok fue la adquisición de Musical.ly por parte de ByteDance en noviembre de 2017. Musical.ly, una popular aplicación de videos cortos con sede en Shanghái y una base de usuarios considerable en Estados Unidos y Europa, se centraba en la creación de videos de sincronización de labios y actuaciones musicales. La adquisición, valorada en aproximadamente $1 mil millones, permitió a ByteDance fusionar Musical.ly con TikTok en agosto de 2018, unificando las bases de usuarios de ambas aplicaciones bajo la marca TikTok. Esta fusión consolidó la presencia de TikTok en los mercados occidentales y aceleró su crecimiento global.

3.4. El Ascenso a la Fama Global

Desde la fusión con Musical.ly, TikTok experimentó un crecimiento explosivo. A fines de 2018, TikTok se convirtió en la aplicación más descargada en la App Store de Apple en Estados Unidos, superando a gigantes como Instagram, Facebook y YouTube. La plataforma ganó popularidad entre los adolescentes y jóvenes adultos, quienes encontraron en TikTok un espacio para expresar su creatividad a través de videos cortos y atractivos.

3.5. Innovaciones y Funcionalidades

El éxito de TikTok se debe en gran parte a sus constantes innovaciones y la introducción de nuevas funcionalidades. La aplicación ha añadido una variedad de herramientas de edición, efectos especiales y filtros que permiten a los usuarios crear contenido de alta calidad con facilidad. Además, TikTok ha implementado funciones como los duetos, donde los usuarios pueden colaborar y reaccionar a los videos de otros, y los desafíos virales, que fomentan la participación y la creatividad dentro de la comunidad.

3.6. Desafíos y Controversias

A lo largo de su ascenso, TikTok también ha enfrentado varios desafíos y controversias. La aplicación ha sido objeto de escrutinio por parte de gobiernos y organizaciones de privacidad en varios países debido a preocupaciones sobre la seguridad de los datos y la influencia extranjera. En 2020, el gobierno de Estados Unidos, bajo la administración de Donald Trump, intentó prohibir TikTok o forzar su venta a una compañía estadounidense, citando preocupaciones de seguridad nacional. Aunque estas medidas no se llevaron a cabo, la situación subrayó los desafíos regulatorios que enfrenta la plataforma.

3.7. La Era Moderna de TikTok

Hoy en día, TikTok sigue siendo una de las aplicaciones de redes sociales más influyentes y populares. Con más de mil millones de usuarios activos mensuales, la plataforma continúa expandiéndose y evolucionando. TikTok ha lanzado diversas iniciativas para apoyar a los creadores de contenido, incluyendo el Fondo para Creadores de TikTok, que proporciona incentivos financieros para los creadores populares. Además, la aplicación sigue introduciendo nuevas funciones y herramientas para mejorar la experiencia del usuario y fomentar la creatividad.

En conclusión, la breve pero dinámica historia de TikTok destaca cómo una idea innovadora puede transformarse en un fenómeno global en un período de tiempo relativamente corto. Desde sus humildes comienzos como Douyin en China hasta su estatus actual como una fuerza dominante en las redes sociales, TikTok ha revolucionado la manera en que las personas crean y consumen contenido en todo el mundo.

Punto 4: Creando tu Perfil

Uno de los primeros pasos cruciales para tener éxito en TikTok es crear un perfil atractivo y optimizado. Tu perfil es tu carta de presentación en la plataforma y juega un papel vital en la primera impresión que los usuarios tienen de ti. A continuación, se detallan los aspectos clave para crear un perfil efectivo en TikTok.

4.1. Elección del Nombre de Usuario

Tu nombre de usuario es una de las primeras cosas que la gente nota, por lo que es importante elegir uno que sea memorable y refleje tu identidad o contenido. Aquí hay algunos consejos para seleccionar un nombre de usuario efectivo:

- **Originalidad**: Elige un nombre único que no esté ya en uso y que destaque entre la multitud.
- **Simplicidad**: Un nombre corto y fácil de recordar es más efectivo que uno complicado.
- **Relevancia**: Si es posible, incluye una palabra o frase que indique el tipo de contenido que creas.
- **Consistencia**: Si ya tienes presencia en otras redes sociales, intenta usar el mismo nombre de usuario para mantener la coherencia de tu marca personal.

4.2. Configuración del Perfil

Una vez que hayas elegido tu nombre de usuario, es momento de configurar el resto de tu perfil. Aquí tienes algunos elementos clave a considerar:

- **Foto de Perfil**: Elige una imagen clara y de alta calidad que represente tu identidad o marca. Puede ser una foto tuya, tu logo, o un símbolo relacionado con tu contenido.
- **Biografía**: La biografía es tu oportunidad para contarle a la gente sobre ti en pocas palabras. Usa este espacio para explicar quién eres y qué tipo de contenido pueden esperar ver en tu perfil. Sé breve pero informativo, y no dudes en usar emojis para hacerlo más visualmente atractivo.
- **Enlace en la Biografía**: Si tienes otros perfiles de redes sociales, un sitio web, o un enlace a tu tienda online, inclúyelo en tu biografía. Esto puede ayudar a dirigir el tráfico hacia otras plataformas donde estás activo.

4.3. Importancia de un Perfil Atractivo

Un perfil atractivo puede ser decisivo para que nuevos visitantes decidan seguirte. Aquí hay algunas razones por las cuales es importante invertir tiempo en optimizar tu perfil:

- **Primera Impresión**: Tu perfil es la primera impresión que muchos usuarios tendrán de ti. Un perfil bien diseñado puede captar la atención y hacer que los visitantes quieran saber más sobre ti y tu contenido.

- **Credibilidad**: Un perfil profesional y bien presentado puede aumentar tu credibilidad y hacer que los usuarios confíen en tu contenido.
- **Engagement**: Un perfil atractivo puede aumentar la interacción y el compromiso de los usuarios con tu contenido, ya que se sentirán más inclinados a seguirte y ver tus videos.

4.4. Uso de Palabras Clave y Hashtags

Incorporar palabras clave y hashtags relevantes en tu biografía puede mejorar tu visibilidad en TikTok. Aquí hay algunos consejos para hacerlo de manera efectiva:

- **Palabras Clave**: Usa palabras clave que describan tu nicho o el tipo de contenido que produces. Esto ayudará a los usuarios a encontrarte cuando busquen contenido relacionado.
- **Hashtags**: Incluye hashtags populares y relevantes en tu biografía para aumentar tus posibilidades de aparecer en búsquedas relacionadas.

4.5. Ajustes de Privacidad y Seguridad

Configurar correctamente los ajustes de privacidad y seguridad es esencial para proteger tu cuenta y mantener un entorno seguro. Asegúrate de revisar y ajustar las siguientes configuraciones:

- **Cuenta Privada vs. Pública**: Decide si quieres que tu

cuenta sea pública (cualquiera puede ver tus videos) o privada (solo tus seguidores aprobados pueden ver tus videos).
- **Control de Comentarios**: Ajusta quién puede comentar en tus videos para evitar spam y comentarios inapropiados.
- **Mensajes Directos**: Controla quién puede enviarte mensajes directos para mantener tu bandeja de entrada libre de mensajes no deseados.

4.6. Mantenimiento y Actualización del Perfil

Mantener tu perfil actualizado es crucial para reflejar cualquier cambio en tu contenido o en tu marca personal. Aquí hay algunas prácticas recomendadas:
- **Actualizar la Biografía**: Revisa y actualiza tu biografía periódicamente para reflejar cambios en tu enfoque de contenido o para incluir nuevas palabras clave y hashtags.
- **Cambiar la Foto de Perfil**: Considera cambiar tu foto de perfil de vez en cuando para mantenerla fresca y relevante.
- **Enlace en la Biografía**: Actualiza el enlace en tu biografía si tienes nuevas plataformas, productos, o promociones que deseas destacar.

4.7. Ejemplos de Perfiles Exitosos

Analizar perfiles exitosos puede proporcionarte inspiración y ejemplos prácticos de cómo optimizar tu propio perfil. Busca creadores en tu nicho que tengan una gran cantidad de seguidores y observa cómo estructuran su biografía, qué foto de perfil utilizan, y cómo presentan su contenido.

En resumen, crear un perfil atractivo y optimizado en TikTok es fundamental para captar la atención de nuevos seguidores y establecer una presencia sólida en la plataforma. Al elegir un nombre de usuario efectivo, configurar cuidadosamente tu perfil, y mantenerlo actualizado, estarás en una posición excelente para empezar a construir tu audiencia y aumentar tu visibilidad en TikTok.

Punto 5: Conociendo a tu Audiencia

Entender a tu audiencia es uno de los aspectos más cruciales para tener éxito en TikTok. Conocer quiénes son tus seguidores, qué les interesa y cómo interactúan con tu contenido te permitirá crear videos que realmente resuenen con ellos y aumenten tus posibilidades de volverte viral. Aquí te explico cómo identificar y analizar tu audiencia en TikTok.

5.1. Identificación del Público Objetivo

El primer paso para conocer a tu audiencia es identificar quiénes son y qué características tienen en común. Aquí hay algunos factores a considerar:

- **Edad**: Determina el rango de edad de tu público. TikTok es especialmente popular entre adolescentes y jóvenes adultos, pero hay contenido para todas las edades.
- **Género**: Analiza si tu contenido atrae más a un género específico o si es más equilibrado.
- **Intereses**: Identifica los intereses y pasatiempos comunes entre tus seguidores. Esto puede incluir categorías como música, moda, deportes, comedia, entre otros.
- **Ubicación Geográfica**: Saber de dónde son tus seguidores puede ayudarte a ajustar tu contenido según las tendencias y preferencias locales.

5.2. Análisis de Tendencias y Preferencias

Una vez que hayas identificado tu público objetivo, es importante analizar las tendencias y preferencias dentro de ese grupo. Aquí hay algunas estrategias para hacerlo:

- **Explora la Página "Para Ti"**: La página "Para Ti" de TikTok muestra contenido popular y trending. Observa qué tipos de videos están recibiendo más atención y considera cómo puedes adaptar esas tendencias a tu propio estilo.
- **Seguimiento de Hashtags**: Sigue hashtags populares en tu nicho para ver qué tipo de contenido está resonando con la audiencia. Esto te dará ideas sobre qué temas y formatos están en demanda.
- **Comentarios y Feedback**: Lee los comentarios en tus videos y en los de otros creadores en tu nicho. Los comentarios pueden proporcionar una gran cantidad de información sobre lo que a la audiencia le gusta o no le gusta.

5.3. Herramientas para Conocer a tu Audiencia

Existen varias herramientas y métodos que puedes utilizar para profundizar en el conocimiento de tu audiencia en TikTok:

- **Analíticas de TikTok**: TikTok ofrece una herramienta de analíticas que proporciona datos detallados sobre tus seguidores, incluyendo su ubicación, edad y género. También puedes ver las horas de mayor actividad de tus seguidores, lo que te ayudará a determinar los mejores momentos para publicar.
- **Encuestas y Preguntas**: Usa la función de encuestas en tus videos o publicaciones para obtener feedback directo de tus seguidores. Pregúntales qué tipo de contenido prefieren y qué les gustaría ver más en tu perfil.
- **Interacción Directa**: Interactúa directamente con tus seguidores respondiendo a sus comentarios y mensajes. Esto no solo te dará información valiosa, sino que también fortalecerá tu relación con ellos.

5.4. Creación de Contenido Basado en la Audiencia

Una vez que tienes una comprensión clara de quién es tu audiencia y qué les gusta, puedes crear contenido específicamente adaptado a sus intereses y preferencias. Aquí hay algunas sugerencias:

- **Relevancia**: Crea contenido que sea relevante para los intereses de tu audiencia. Si sabes que tu audiencia está interesada en la moda, por ejemplo, podrías hacer videos de consejos de estilo, hauls de compras o transformaciones de ropa.
- **Participación**: Involucra a tu audiencia en la creación de contenido. Puedes pedirles sugerencias sobre qué temas abordar en tus videos o invitarles a participar en desafíos y duetos.
- **Autenticidad**: Mantén tu contenido auténtico y fiel a tu personalidad. La audiencia de TikTok valora la autenticidad, y los videos que se sienten genuinos tienden a recibir más engagement.

5.5. Ajuste y Optimización Continua

Conocer a tu audiencia no es un proceso de una sola vez; es algo que debes revisar y ajustar continuamente. Aquí hay algunas prácticas para mantenerte al día con tu audiencia:

- **Revisar Analíticas Regularmente**: Haz un hábito de revisar tus analíticas de TikTok regularmente para ver cómo está cambiando tu audiencia y qué tipo de contenido está funcionando mejor.
- **Probar Nuevas Ideas**: No tengas miedo de experimentar con nuevos tipos de contenido. Prueba diferentes formatos, temas y estilos para ver cómo responde tu audiencia.
- **Adaptación Rápida**: Sé ágil y dispuesto a adaptar tu estrategia en función del feedback y las tendencias emergentes. TikTok es una plataforma rápida y dinámica, y ser capaz de ajustar tu enfoque rápidamente es clave para mantenerte relevante.

5.6. Segmentación de Audiencia

Considera la posibilidad de segmentar tu audiencia para crear contenido más específico y dirigido. Por ejemplo, si notas que tienes una audiencia significativa en dos rangos de edad diferentes, podrías crear contenido que hable a cada grupo de manera distinta.

5.7. Ejemplos de Estrategias Basadas en Audiencia

Estudia a otros creadores exitosos en tu nicho y observa cómo han adaptado su contenido para su audiencia. Analiza sus estrategias y considera cómo podrías implementar tácticas similares en tu propio perfil.

En resumen, conocer a tu audiencia en TikTok es fundamental

para crear contenido que resuene y se vuelva viral. Al identificar y analizar a tu público objetivo, utilizar herramientas para obtener datos y feedback, y ajustar continuamente tu enfoque, podrás maximizar tu impacto en la plataforma y construir una base de seguidores leales y comprometidos.

Punto 6: Estrategias para Crear Contenido Atractivo

Crear contenido atractivo en TikTok es esencial para captar la atención de los usuarios y aumentar tus posibilidades de volverte viral. A continuación, te presento algunas estrategias clave para desarrollar videos que destaquen y resuenen con tu audiencia.

6.1. Conocer y Adaptarse a las Tendencias

TikTok es una plataforma impulsada por tendencias, por lo que es crucial mantenerse al día con lo que es popular en un momento dado. Aquí hay algunas formas de hacerlo:

- **Explorar la Página "Para Ti"**: Dedica tiempo a explorar la página "Para Ti" diariamente para identificar tendencias emergentes, como desafíos, canciones populares, o formatos de video específicos.
- **Seguir Hashtags**: Sigue hashtags populares y relacionados con tu nicho para ver qué tipo de contenido está resonando con la audiencia.
- **Participar en Desafíos**: Los desafíos virales son una excelente manera de ganar visibilidad. Participa en desafíos populares y pon tu propio giro creativo en ellos para destacar.

6.2. Uso de Música y Sonidos Populares

La música y los sonidos son una parte integral de TikTok. Utilizar canciones y sonidos que están en tendencia puede aumentar la visibilidad de tus videos:

- **Biblioteca de Sonidos**: Explora la biblioteca de sonidos de TikTok para encontrar canciones y efectos que están en tendencia. TikTok suele destacar los sonidos populares, facilitando su identificación.
- **Sincronización de Labios y Coreografías**: Los videos de sincronización de labios y coreografías a canciones

populares son muy populares en TikTok. Considera crear contenido que incorpore estos elementos.

- **Creación de Sonidos Originales**: Si tienes habilidades musicales, considera crear tus propios sonidos y canciones. Los sonidos originales pueden volverse virales si otros usuarios los utilizan en sus videos.

6.3. Calidad del Video y Edición

La calidad de tus videos y la edición juegan un papel crucial en captar la atención de los espectadores. Aquí hay algunos consejos para mejorar la calidad de tu contenido:

- **Iluminación Adecuada**: Asegúrate de tener buena iluminación. La luz natural es ideal, pero también puedes invertir en una luz anular para grabaciones en interiores.
- **Estabilidad de la Cámara**: Usa un trípode o un soporte para mantener la cámara estable y evitar videos borrosos.
- **Herramientas de Edición**: Aprovecha las herramientas de edición de TikTok, como filtros, efectos especiales y transiciones. Estas herramientas pueden hacer que tus videos sean más dinámicos y visualmente atractivos.
- **Duración del Video**: Aunque TikTok permite videos de hasta 3 minutos, los videos más cortos (15-30 segundos) tienden a tener un mejor rendimiento. Captura la atención rápidamente y mantén a los espectadores interesados.

6.4. Contar una Historia

Las historias capturan la atención y mantienen a los espectadores comprometidos. Aquí tienes algunas estrategias para contar historias efectivas en TikTok:

- **Narrativa Clara**: Asegúrate de que tu video tenga un principio, un desarrollo y un final claros. Incluso en videos cortos, una narrativa bien estructurada puede hacer una gran diferencia.
- **Giros Inesperados**: Los giros inesperados o finales sorprendentes pueden hacer que los espectadores quieran volver a ver tu video o compartirlo con otros.

- **Relatabilidad**: Crea contenido que sea relatable y conecte emocionalmente con tu audiencia. Las historias personales o experiencias comunes suelen resonar bien.

6.5. Engagement con la Audiencia

Interactuar con tu audiencia es clave para construir una comunidad y aumentar el engagement en tus videos:

- **Respuestas a Comentarios**: Responde a los comentarios en tus videos para fomentar la conversación y mostrar a tu audiencia que valoras su feedback.
- **Live Streams**: Utiliza las transmisiones en vivo para interactuar directamente con tus seguidores, responder preguntas y mostrar una versión más personal de ti mismo.
- **Duetos y Colaboraciones**: Colabora con otros creadores haciendo duetos o participando en sus videos. Esto puede ayudar a aumentar tu visibilidad y atraer a nuevos seguidores.

6.6. Creatividad y Originalidad

La creatividad y la originalidad son fundamentales para destacar en TikTok. Aquí hay algunas formas de ser creativo en tu contenido:

- **Experimentación**: No tengas miedo de probar cosas nuevas y experimentar con diferentes formatos, estilos y temas.
- **Contenido Único**: Identifica tu nicho y crea contenido que sea único y diferente de lo que otros están haciendo. Esto te ayudará a construir una identidad propia en la plataforma.
- **Humor y Entretenimiento**: El humor es una gran manera de captar la atención y hacer que los espectadores vuelvan por más. Considera incorporar elementos cómicos en tus videos.

6.7. Análisis y Ajuste

Finalmente, es importante analizar el rendimiento de tus videos y ajustar tu estrategia en consecuencia:

- **Analíticas de TikTok**: Utiliza las analíticas de TikTok para ver qué videos están teniendo mejor rendimiento y por qué. Presta atención a métricas como vistas, likes, comentarios y compartidos.
- **Feedback de la Audiencia**: Escucha el feedback de tu audiencia y ajústalo en función de sus preferencias y sugerencias.
- **Consistencia**: Mantén una programación consistente para tus publicaciones. Publicar regularmente puede ayudarte a mantener y aumentar tu audiencia.

En resumen, crear contenido atractivo en TikTok requiere una combinación de seguir tendencias, utilizar música popular, mantener alta calidad en los videos, contar historias, interactuar con la audiencia, ser creativo y ajustar tu estrategia en función del rendimiento y el feedback. Al aplicar estas estrategias, estarás en una excelente posición para aumentar tu visibilidad y atraer a más seguidores en TikTok.

Punto 7: Interacción y Comunidad

La interacción y la construcción de una comunidad sólida son fundamentales para el éxito a largo plazo en TikTok. No se trata solo de publicar contenido, sino de conectar con tu audiencia y fomentar un sentido de pertenencia y lealtad. Aquí te explico cómo interactuar efectivamente con tu audiencia y construir una comunidad sólida en TikTok.

7.1. Responder a los Comentarios

Responder a los comentarios en tus videos es una de las formas más directas de interactuar con tu audiencia. Aquí hay algunas estrategias para hacerlo efectivamente:

- **Regularidad**: Tómate el tiempo de revisar y responder a los comentarios regularmente. Esto muestra a tu audiencia que valoras su participación.
- **Personalización**: Responde a los comentarios de manera personalizada, mencionando el nombre del usuario y respondiendo de manera específica a su comentario.
- **Positividad**: Mantén un tono positivo y amigable en tus respuestas, incluso cuando respondas a críticas o comentarios negativos. Esto ayuda a construir una comunidad positiva y respetuosa.

7.2. Realizar Transmisiones en Vivo

Las transmisiones en vivo son una excelente manera de interactuar directamente con tus seguidores en tiempo real. Aquí hay algunas ventajas y consejos para hacer transmisiones en vivo:

- **Interacción en Tiempo Real**: Las transmisiones en vivo te permiten responder preguntas y comentarios en tiempo real, lo que puede ayudar a fortalecer la relación con tus seguidores.
- **Contenido Exclusivo**: Ofrece contenido exclusivo

durante tus transmisiones en vivo, como detrás de cámaras, sesiones de preguntas y respuestas, o eventos especiales.
- **Consistencia**: Programa transmisiones en vivo de manera regular para mantener a tu audiencia comprometida y expectante.

7.3. Participar en Desafíos y Tendencias

Participar en desafíos y tendencias es una excelente manera de interactuar con la comunidad de TikTok y aumentar tu visibilidad:

- **Desafíos Virales**: Participa en desafíos virales y anima a tus seguidores a unirse también. Esto puede aumentar el engagement y hacer que tus videos sean más compartidos.
- **Crear Tus Propios Desafíos**: Considera la posibilidad de crear tus propios desafíos y etiquetar a otros creadores para que participen. Esto puede ayudar a aumentar tu visibilidad y atraer nuevos seguidores.

7.4. Colaboraciones con Otros Creadores

Colaborar con otros creadores puede ayudarte a llegar a una audiencia más amplia y fortalecer tu presencia en la plataforma:

- **Duetos**: Usa la función de duetos para colaborar con otros creadores. Esto puede ser especialmente efectivo si colaboras con creadores que tienen una audiencia similar a la tuya.
- **Colaboraciones Planificadas**: Planifica colaboraciones con otros creadores para crear contenido conjunto. Esto no solo aumenta tu visibilidad, sino que también puede proporcionar contenido fresco y emocionante para tu audiencia.

7.5. Fomentar la Participación de la Audiencia

Fomentar la participación activa de tu audiencia es crucial para construir una comunidad comprometida. Aquí hay algunas maneras de hacerlo:

- **Preguntas y Encuestas**: Usa las funciones de preguntas y encuestas en tus videos para obtener feedback y hacer que tu audiencia se sienta parte del proceso creativo.

- **Call to Action**: Incluye llamados a la acción en tus videos, animando a tus seguidores a dejar comentarios, compartir tus videos, o participar en desafíos.
- **Reconocimiento**: Reconoce y destaca a tus seguidores más activos. Puedes hacer videos agradeciendo a tus seguidores por su apoyo, o incluso destacando sus comentarios o videos.

7.6. Crear una Identidad de Marca

Crear una identidad de marca fuerte y coherente puede ayudar a construir una comunidad leal y comprometida:

- **Coherencia Visual**: Mantén una coherencia visual en tus videos, utilizando colores, fuentes y estilos que representen tu marca personal.
- **Tono y Voz**: Define el tono y la voz de tu marca. ¿Eres divertido y desenfadado, o más serio y educativo? Mantén este tono en todos tus videos para construir una identidad coherente.
- **Valores y Mensajes**: Comunica claramente los valores y mensajes de tu marca. Esto puede ayudar a atraer a seguidores que compartan tus intereses y valores.

7.7. Crear Contenido de Valor

Finalmente, asegúrate de que cada video que publiques aporte valor a tu audiencia:

- **Educativo**: Comparte conocimientos, tutoriales o información útil que tu audiencia pueda encontrar valiosa.
- **Entretenido**: Crea contenido que sea divertido y entretenido para mantener a tus seguidores comprometidos.
- **Inspirador**: Comparte historias inspiradoras o motivacionales que puedan resonar con tu audiencia.

En resumen, interactuar con tu audiencia y construir una comunidad sólida en TikTok es crucial para el éxito a largo plazo. Responde a los comentarios, realiza transmisiones en vivo, participa en desafíos y colaboraciones, fomenta la participación activa de tu audiencia, y crea una identidad de marca coherente. Al hacerlo, no solo aumentarás tu visibilidad y engagement, sino que también construirás una base de seguidores leales y comprometidos que apoyarán tu crecimiento en la plataforma.

Punto 8: Consistencia y Frecuencia de Publicación

La consistencia y la frecuencia de publicación son fundamentales para mantener el interés de tu audiencia y aumentar tus posibilidades de éxito en TikTok. Publicar contenido regularmente no solo mantiene a tus seguidores comprometidos, sino que también ayuda a mejorar tu visibilidad en la plataforma. A continuación, se detallan algunas estrategias para mantener una programación de publicación efectiva.

8.1. Determinar la Frecuencia de Publicación

La frecuencia con la que publicas puede influir significativamente en tu éxito en TikTok. Aquí hay algunas recomendaciones para encontrar el equilibrio adecuado:

- **Publicar Diariamente**: Muchos creadores exitosos publican al menos un video al día. Esto ayuda a mantener el interés de la audiencia y a incrementar las oportunidades de que uno de tus videos se vuelva viral.
- **Adaptarse a tu Capacidad**: Si publicar diariamente no es factible, establece una frecuencia que puedas mantener de manera consistente, ya sea varias veces por semana o en días específicos.
- **Evitar la Sobrecarga**: Aunque es importante publicar con frecuencia, evita saturar a tu audiencia con demasiados videos en un solo día, ya que esto puede disminuir el engagement.

8.2. Crear un Calendario de Contenidos

Un calendario de contenidos te ayudará a planificar y organizar tus publicaciones, asegurando que mantengas una programación consistente:

- **Planificación Semanal**: Dedica tiempo cada semana para planificar tus contenidos. Decide qué tipo de videos vas a crear y cuándo los vas a publicar.
- **Variedad de Contenido**: Asegúrate de incluir una variedad de contenido en tu calendario, desde desafíos y

tendencias hasta contenido original y educativo.
- **Fechas Importantes**: Incluye fechas relevantes y eventos importantes que puedas aprovechar para crear contenido temático.

8.3. Horarios de Publicación Óptimos

Publicar en los horarios en que tu audiencia está más activa puede mejorar significativamente el rendimiento de tus videos:

- **Analíticas de TikTok**: Utiliza las analíticas de TikTok para identificar los momentos en que tus seguidores están más activos. Esto te dará una idea de los mejores horarios para publicar.
- **Experimentación**: Prueba diferentes horarios de publicación y analiza los resultados para determinar cuándo tus videos reciben más engagement.
- **Constancia en Horarios**: Una vez que hayas identificado los horarios óptimos, mantén una constancia en tus publicaciones para que tu audiencia sepa cuándo esperar nuevo contenido.

8.4. Creación de Contenido en Lotes

Crear contenido en lotes puede ayudarte a mantener una programación consistente sin sentirte abrumado:

- **Bloques de Tiempo**: Dedica bloques de tiempo específicos para grabar y editar varios videos a la vez. Esto puede ser más eficiente que crear y publicar un video al día.
- **Contenido Evergreen**: Crea contenido atemporal que puedas publicar en cualquier momento. Esto es útil para mantener tu calendario lleno incluso durante periodos de menor actividad.
- **Planificación Ante Emergencias**: Ten algunos videos preparados de antemano en caso de que surjan imprevistos que te impidan crear contenido nuevo.

8.5. Ajuste y Optimización Continuos

Es importante revisar y ajustar continuamente tu estrategia de publicación en función del rendimiento y el feedback de la audiencia:

- **Revisar Analíticas**: Revisa regularmente las analíticas

de tus videos para ver qué contenido está funcionando mejor y ajustar tu estrategia en consecuencia.
- **Feedback de la Audiencia**: Escucha el feedback de tus seguidores y ajusta tu contenido para alinearlo mejor con sus intereses y preferencias.
- **Flexibilidad**: Mantén la flexibilidad en tu calendario de contenidos para adaptarte a tendencias emergentes o cambios en los intereses de tu audiencia.

8.6. Beneficios de la Consistencia

Mantener una consistencia en la publicación de contenido tiene varios beneficios:

- **Algoritmo de TikTok**: La consistencia puede mejorar tu posición en el algoritmo de TikTok, aumentando la visibilidad de tus videos.
- **Engagement de la Audiencia**: Publicar regularmente mantiene a tu audiencia comprometida y más propensa a interactuar con tu contenido.
- **Crecimiento Sostenido**: Una programación de publicación consistente puede llevar a un crecimiento sostenido en tu número de seguidores y en el engagement general.

8.7. Superar Bloqueos Creativos

Es normal enfrentar bloqueos creativos al tratar de mantener una programación de publicación constante. Aquí hay algunas estrategias para superarlos:

- **Inspiración de Otros Creadores**: Observa lo que están haciendo otros creadores en tu nicho para obtener inspiración y nuevas ideas.
- **Feedback y Sugerencias**: Pide a tus seguidores que sugieran ideas para nuevos videos. Esto no solo te proporciona nuevas ideas, sino que también involucra a tu audiencia.
- **Descanso y Renovación**: Tomarse un breve descanso puede ayudarte a renovar tu creatividad y regresar con nuevas ideas.

En resumen, la consistencia y la frecuencia de publicación son esenciales para mantener el interés de tu audiencia y mejorar tu visibilidad en TikTok. Al determinar una frecuencia de publicación adecuada, crear un calendario de contenidos, identificar los horarios óptimos, crear contenido en lotes, ajustar continuamente tu estrategia y superar bloqueos creativos, estarás en una excelente posición para mantener un flujo constante de contenido atractivo y aumentar tus posibilidades de éxito en la plataforma.

Punto 9: Uso de Hashtags y Descripciones

El uso efectivo de hashtags y descripciones es crucial para aumentar la visibilidad de tus videos en TikTok y alcanzar una audiencia más amplia. Aquí te explico cómo utilizar hashtags y descripciones de manera estratégica para maximizar el impacto de tu contenido.

9.1. Selección de Hashtags Relevantes

Elegir los hashtags adecuados puede ayudar a que tus videos sean descubiertos por usuarios que buscan contenido relacionado:

- **Hashtags Populares y Tendencias**: Usa hashtags que estén en tendencia y sean populares en el momento. Esto puede aumentar la probabilidad de que tu video sea visto por una audiencia más amplia.
- **Hashtags Específicos y de Nicho**: Además de los hashtags populares, incluye hashtags específicos de tu nicho. Esto ayudará a que tu contenido sea descubierto por personas interesadas en temas específicos.
- **Mix de Hashtags**: Combina hashtags populares y de nicho para maximizar el alcance. Por ejemplo, si estás publicando un tutorial de maquillaje, puedes usar #Makeup (popular) y #MakeupForBeginners (nicho).

9.2. Número de Hashtags

El número de hashtags que utilizas puede afectar la visibilidad de tu video:

- **Cantidad Óptima**: Aunque TikTok permite hasta 100 caracteres en la sección de hashtags, es recomendable usar entre 3 y 5 hashtags relevantes. Demasiados hashtags pueden parecer spam y distraer a la audiencia.
- **Evitar Hashtags Irrelevantes**: No uses hashtags que no estén relacionados con tu contenido solo porque son populares. Esto puede afectar negativamente tu

credibilidad y engagement.

9.3. Creación de Hashtags Propios

Crear tus propios hashtags puede ayudarte a construir una marca personal y fomentar la participación de la audiencia:

- **Hashtags de Marca**: Crea un hashtag único y relacionado con tu marca o contenido. Anima a tus seguidores a usarlo cuando publican sobre ti o participan en tus desafíos.
- **Desafíos y Campañas**: Lanza desafíos y campañas con un hashtag específico para generar engagement y aumentar la visibilidad. Promueve estos desafíos en tus videos y en otras redes sociales.

9.4. Estrategias para Descripciones

Las descripciones en TikTok son cortas, por lo que es importante ser conciso y claro:

- **Contexto y Claridad**: Proporciona contexto y claridad sobre el contenido de tu video. Esto puede ayudar a atraer a espectadores interesados en el tema.
- **Call to Action (CTA)**: Incluye llamados a la acción en tus descripciones. Por ejemplo, puedes pedir a los espectadores que sigan tu cuenta, dejen un comentario o compartan tu video.
- **Emojis y Formato**: Usa emojis y formato para hacer que tu descripción sea visualmente atractiva y fácil de leer.

9.5. Análisis de Competencia

Observa cómo otros creadores en tu nicho utilizan hashtags y descripciones:

- **Investigación de Hashtags**: Analiza los hashtags que otros creadores exitosos en tu nicho están utilizando. Esto te dará una idea de qué hashtags son efectivos.
- **Descripciones Efectivas**: Observa las descripciones de videos populares y cómo estructuran su contenido. Adapta estas estrategias a tu propio estilo y contenido.

9.6. Pruebas y Ajustes

Es importante probar diferentes combinaciones de hashtags y descripciones para ver qué funciona mejor:

- **Experimentación**: Prueba diferentes hashtags y estructuras de descripción en tus videos para ver cuáles generan más engagement.
- **Revisión de Analíticas**: Utiliza las analíticas de TikTok para monitorear el rendimiento de tus hashtags y descripciones. Ajusta tu estrategia en función de los resultados.

9.7. Evitar Errores Comunes

Aquí hay algunos errores comunes que debes evitar al usar hashtags y descripciones:

- **Hashtags Demasiado Generales**: Usar hashtags muy generales puede hacer que tu video se pierda en la multitud. Opta por una combinación de hashtags generales y específicos.
- **Descripciones Demasiado Largas**: Mantén tus descripciones breves y al punto. TikTok es una plataforma rápida, y los usuarios pueden no leer descripciones largas.
- **Hashtags Irrelevantes**: No uses hashtags que no estén relacionados con tu contenido. Esto puede afectar negativamente tu alcance y engagement.

9.8. Beneficios de una Estrategia Efectiva

Implementar una estrategia efectiva de hashtags y descripciones tiene varios beneficios:

- **Mayor Visibilidad**: Los hashtags adecuados pueden aumentar la visibilidad de tus videos, ayudándote a llegar a una audiencia más amplia.
- **Engagement Mejorado**: Las descripciones claras y los CTAs pueden aumentar el engagement de los espectadores, alentándolos a interactuar con tu contenido.
- **Crecimiento de Seguidores**: Una estrategia efectiva puede ayudarte a ganar más seguidores, ya que tus videos serán más fáciles de descubrir y atractivos para los usuarios.

En resumen, el uso estratégico de hashtags y descripciones en TikTok es crucial para aumentar la visibilidad y el engagement de tus videos. Al seleccionar hashtags relevantes, crear tus propios hashtags, estructurar descripciones efectivas, analizar la competencia, y realizar pruebas y ajustes, podrás maximizar el impacto de tu contenido y construir una audiencia sólida en la plataforma.

Punto 10: Medición del Rendimiento y Ajuste de Estrategias

Medir el rendimiento de tus videos y ajustar tus estrategias en función de los datos recopilados es crucial para el éxito continuo en TikTok. A continuación, se detallan las formas de evaluar el rendimiento de tu contenido y cómo ajustar tus estrategias para mejorar tus resultados.

10.1. Herramientas de Analítica de TikTok

TikTok ofrece herramientas de analítica que te permiten rastrear el rendimiento de tus videos. Aquí hay algunas métricas clave a tener en cuenta:

- **Vistas de Video**: El número de veces que tu video ha sido visto.
- **Likes**: La cantidad de "me gusta" que ha recibido tu video.
- **Comentarios**: El número de comentarios en tu video, lo cual puede indicar el nivel de engagement.
- **Compartidos**: Cuántas veces se ha compartido tu video.
- **Tiempo de Visualización**: Cuánto tiempo han pasado los usuarios viendo tu video.
- **Fuente de Tráfico**: De dónde proviene tu audiencia, ya sea de la página "Para Ti", tu perfil, hashtags, etc.

10.2. Interpretación de Datos

Entender los datos de las analíticas es esencial para tomar decisiones informadas:

- **Identificar Tendencias**: Observa cuáles de tus videos están obteniendo más vistas, likes, comentarios y compartidos. Identifica patrones y tendencias.
- **Engagement**: Un alto nivel de engagement (comentarios y compartidos) es un buen indicador de que tu contenido resuena con la audiencia.

- **Duración de la Visualización**: Los videos con una mayor duración de visualización son efectivos para mantener la atención del espectador.

10.3. Ajuste de Estrategias en Base a Datos

Una vez que hayas analizado los datos, ajusta tus estrategias para mejorar el rendimiento:

- **Repetir el Éxito**: Si ciertos tipos de contenido, estilos o formatos funcionan bien, crea más videos similares.
- **Mejorar el Contenido de Bajo Rendimiento**: Si algunos videos no están rindiendo bien, analiza qué podría mejorarse. Puede ser el contenido, el tiempo de publicación, los hashtags utilizados, etc.
- **Probar Nuevas Estrategias**: Basándote en los datos, prueba nuevas estrategias para ver si puedes mejorar el rendimiento. Esto podría incluir nuevos tipos de videos, diferentes horarios de publicación, o cambios en la presentación y edición.

10.4. Pruebas A/B

Las pruebas A/B son una excelente manera de experimentar con diferentes enfoques y ver cuál funciona mejor:

- **Variaciones de Contenido**: Crea dos versiones de un video con pequeñas diferencias (como diferentes descripciones, hashtags o ediciones) y compara su rendimiento.
- **Análisis Comparativo**: Observa cuál de las dos versiones obtiene mejores resultados y utiliza estos hallazgos para informar tus futuras publicaciones.

10.5. Feedback de la Audiencia

El feedback directo de tu audiencia es una valiosa fuente de información para ajustar tu estrategia:

- **Comentarios y Sugerencias**: Lee los comentarios y sugerencias de tus seguidores. Puedes obtener ideas sobre qué contenido les gusta más o qué les gustaría ver en el futuro.
- **Encuestas y Preguntas**: Utiliza las funciones de encuesta y preguntas en TikTok para pedir feedback directo a tu audiencia sobre qué tipo de contenido

prefieren.

10.6. Monitoreo de Competencia

Observar lo que hacen otros creadores exitosos en tu nicho puede proporcionar insights valiosos:

- **Análisis de Competencia**: Identifica a los creadores que están teniendo éxito y analiza sus estrategias. Observa sus tipos de contenido, horarios de publicación, uso de hashtags, etc.
- **Adaptación de Estrategias**: Adapta y aplica estrategias exitosas de otros creadores a tu propio contenido, siempre manteniendo tu estilo y voz únicos.

10.7. Ajustes Continuos

El entorno de TikTok y las preferencias de los usuarios cambian rápidamente, por lo que es importante ajustar continuamente tus estrategias:

- **Revisiones Periódicas**: Haz revisiones periódicas de tus analíticas para asegurarte de que tu contenido sigue rindiendo bien.
- **Flexibilidad y Adaptación**: Sé flexible y dispuesto a adaptarte a nuevas tendencias y cambios en la plataforma.
- **Mejora Continua**: Siempre busca maneras de mejorar tu contenido y tus estrategias basándote en los datos y el feedback de tu audiencia.

10.8. Beneficios de la Medición y Ajuste

Medir y ajustar continuamente tus estrategias tiene múltiples beneficios:

- **Optimización del Rendimiento**: Te permite optimizar tu contenido y estrategias para maximizar el rendimiento.
- **Crecimiento Sostenido**: Asegura un crecimiento sostenido de tu audiencia y engagement.
- **Adaptabilidad**: Te ayuda a mantenerte adaptable y relevante en una plataforma que cambia rápidamente.

En resumen, medir el rendimiento de tus videos y ajustar tus estrategias en función de los datos es esencial para el éxito en TikTok. Utiliza las herramientas de analítica de TikTok para rastrear métricas clave, interpreta los datos para tomar decisiones informadas, realiza pruebas A/B, busca feedback de tu audiencia, monitorea a la competencia, y ajusta continuamente tus estrategias para optimizar el rendimiento y asegurar un crecimiento sostenido en la plataforma.

Punto 11: Aprovechar las Tendencias y Desafíos

Aprovechar las tendencias y desafíos en TikTok es una estrategia efectiva para aumentar la visibilidad y el engagement de tus videos. Las tendencias pueden variar desde bailes virales hasta audios populares y hashtags temáticos. Aquí te explico cómo identificar y capitalizar las tendencias y desafíos de manera efectiva.

11.1. Identificación de Tendencias

Identificar tendencias emergentes es el primer paso para aprovecharlas:

- **Explorar la Página "Para Ti"**: La página "Para Ti" de TikTok es un buen lugar para descubrir qué contenido está en tendencia. Observa los videos que aparecen con frecuencia y toma nota de los temas, audios y hashtags populares.
- **Seguir Creadores Populares**: Sigue a creadores populares en tu nicho para estar al tanto de las últimas tendencias. Estos creadores a menudo son los primeros en adoptar nuevas tendencias.
- **Uso de Herramientas y Sitios Web**: Existen herramientas y sitios web que rastrean las tendencias en TikTok. Utiliza estos recursos para identificar rápidamente qué es popular en la plataforma.

11.2. Participación en Desafíos

Participar en desafíos es una forma efectiva de aumentar la visibilidad de tus videos:

- **Desafíos Oficiales de TikTok**: TikTok frecuentemente lanza desafíos oficiales que aparecen en la página de inicio. Participar en estos desafíos puede aumentar tus posibilidades de ser destacado.

- **Desafíos de Creadores**: Participa en desafíos creados por otros creadores, especialmente aquellos que son populares en tu nicho. Esto puede ayudarte a conectarte con una audiencia interesada en tu tipo de contenido.
- **Originalidad y Creatividad**: Aunque es importante seguir la estructura del desafío, añade tu toque personal y creatividad para destacar entre otros participantes.

11.3. Creación de Propios Desafíos

Crear tus propios desafíos puede generar un alto nivel de engagement y atraer nuevos seguidores:

- **Concepto Atractivo**: Diseña un desafío que sea divertido y fácil de participar. Los desafíos con conceptos simples pero atractivos tienden a volverse virales.
- **Promoción del Desafío**: Promociona tu desafío en tus videos y otras redes sociales. Anima a tus seguidores a participar y usar un hashtag específico para tu desafío.
- **Colaboraciones**: Colabora con otros creadores para lanzar el desafío. Esto puede ayudarte a alcanzar una audiencia más amplia y aumentar la participación.

11.4. Uso de Audios Populares

Los audios populares juegan un papel crucial en la viralidad de los videos en TikTok:

- **Explorar la Biblioteca de Sonidos**: TikTok ofrece una amplia biblioteca de sonidos y canciones. Explora esta biblioteca para encontrar audios que estén en tendencia.
- **Uso Estratégico de Audios**: Usa audios populares en tus videos para aumentar la probabilidad de que sean descubiertos por usuarios que buscan ese sonido específico.
- **Crear tus Propios Audios**: Considera la posibilidad de crear tus propios audios originales. Si se vuelven populares, otros usuarios pueden comenzar a usarlos, aumentando tu visibilidad.

11.5. Adaptación de Tendencias a tu Nicho

Es importante adaptar las tendencias a tu propio nicho y estilo de contenido:

- **Relevancia del Contenido**: Asegúrate de que las

tendencias que sigues sean relevantes para tu audiencia y tu nicho. Adaptar una tendencia general a tu temática puede hacer que tu contenido sea más atractivo para tus seguidores.
- **Autenticidad**: Mantén tu autenticidad al participar en tendencias. No sigas una tendencia solo porque es popular; asegúrate de que encaje con tu marca personal y estilo.

11.6. Monitoreo y Evaluación

Monitorea el rendimiento de tus videos que siguen tendencias y ajusta tu enfoque según sea necesario:
- **Analíticas de Tendencias**: Utiliza las analíticas de TikTok para evaluar el rendimiento de tus videos basados en tendencias. Observa métricas como vistas, likes, comentarios y compartidos.
- **Feedback de la Audiencia**: Presta atención al feedback de tu audiencia. Si un tipo de tendencia resuena bien con tus seguidores, considera hacer más contenido similar.
- **Ajustes Rápidos**: Las tendencias en TikTok pueden cambiar rápidamente. Sé ágil en tus ajustes y prepárate para pivotar hacia nuevas tendencias cuando sea necesario.

11.7. Beneficios de Aprovechar Tendencias

Aprovechar las tendencias y desafíos tiene múltiples beneficios:
- **Mayor Visibilidad**: Participar en tendencias puede aumentar significativamente la visibilidad de tus videos, ya que los usuarios tienden a buscar y consumir contenido basado en tendencias populares.
- **Engagement Incrementado**: Los videos basados en tendencias tienden a generar más engagement en forma de likes, comentarios y compartidos.
- **Crecimiento de Seguidores**: La visibilidad y el engagement incrementados pueden llevar a un aumento en el número de seguidores, ayudándote a construir una audiencia más amplia y leal.

En resumen, aprovechar las tendencias y desafíos en TikTok es una estrategia efectiva para aumentar la visibilidad y el engagement de tus videos. Al identificar y participar en tendencias, crear tus propios desafíos, usar audios populares, adaptar tendencias a tu nicho, y monitorear el rendimiento, puedes maximizar el impacto de tu contenido y crecer tu audiencia en la plataforma.

Punto 12: Colaboraciones y Networking en TikTok

Las colaboraciones y el networking en TikTok son estrategias poderosas para aumentar tu visibilidad, atraer nuevos seguidores y enriquecer tu contenido. Al trabajar con otros creadores y marcas, puedes beneficiarte de sus audiencias y conocimientos. Aquí se detallan las mejores prácticas para establecer colaboraciones efectivas y construir una red sólida en TikTok.

12.1. Identificación de Potenciales Colaboradores

El primer paso para una colaboración exitosa es identificar a los creadores y marcas adecuados:

- **Creadores en tu Nicho**: Busca creadores que trabajen en tu mismo nicho o en áreas complementarias. Esto asegura que sus audiencias tengan intereses similares a los de tus seguidores.
- **Creadores Emergentes y Populares**: Colaborar tanto con creadores emergentes como con creadores populares puede ser beneficioso. Los emergentes pueden tener audiencias leales y comprometidas, mientras que los populares pueden ofrecer una mayor visibilidad.
- **Marcas Relevantes**: Identifica marcas que se alineen con tu contenido y valores. Las colaboraciones con marcas pueden ofrecer oportunidades para crear contenido patrocinado y monetizar tu presencia en TikTok.

12.2. Enfoques para la Colaboración

Hay diferentes maneras de colaborar en TikTok, cada una con sus propios beneficios:

- **Videos Colaborativos**: Crea videos colaborativos donde ambos creadores aparezcan. Estos videos pueden incluir duetos, retos conjuntos, o simplemente aparecer juntos en el mismo video.
- **Toma de Control de la Cuenta**: Permite que otro creador tome el control de tu cuenta por un día, creando contenido y compartiéndolo con tu audiencia. Tú

puedes hacer lo mismo en la cuenta de ellos.
- **Promociones Cruzadas**: Promociona el contenido del otro creador en tus videos y viceversa. Esto puede incluir menciones directas, duetos, y respuestas a videos.
- **Campañas y Retos**: Lanza campañas o retos en colaboración con otros creadores. Esto no solo fomenta la creatividad, sino que también involucra a ambas audiencias.

12.3. Contacto y Propuesta de Colaboración

Una vez que hayas identificado a posibles colaboradores, es crucial establecer un contacto y proponer la colaboración de manera efectiva:

- **Mensaje Personalizado**: Envía un mensaje directo o correo electrónico personalizado explicando quién eres, por qué te gustaría colaborar, y cómo la colaboración beneficiaría a ambos.
- **Propuesta Clara**: Sé claro sobre la propuesta de colaboración. Incluye detalles como el tipo de contenido, el formato del video, los objetivos de la colaboración, y cualquier incentivo adicional.
- **Valor Mutuo**: Enfatiza el valor mutuo de la colaboración. Explica cómo ambos pueden beneficiarse en términos de audiencia, engagement y crecimiento.

12.4. Ejecución de la Colaboración

Una vez que hayas acordado la colaboración, es importante ejecutarla de manera efectiva:

- **Planificación y Coordinación**: Planifica el contenido con antelación y coordina todos los detalles logísticos, incluyendo fechas y horarios de publicación.
- **Calidad de Contenido**: Asegúrate de que el contenido colaborativo sea de alta calidad y refleje tanto tu marca personal como la del colaborador.
- **Promoción**: Promociona la colaboración en tus redes sociales y anima a tus seguidores a interactuar con el contenido.

12.5. Networking en TikTok

Además de las colaboraciones, construir una red sólida en TikTok es crucial para tu crecimiento a largo plazo:
- **Participación en Comunidades**: Involúcrate en comunidades relacionadas con tu nicho. Comenta, comparte y colabora con otros miembros de la comunidad.
- **Eventos y Webinars**: Participa en eventos y webinars organizados por TikTok o por otros creadores. Estos eventos son excelentes oportunidades para hacer networking.
- **Grupos y Foros**: Únete a grupos y foros en otras plataformas (como Facebook o Reddit) dedicados a creadores de TikTok. Estos espacios son ideales para compartir consejos, obtener feedback y establecer conexiones.

12.6. Beneficios de las Colaboraciones y el Networking

Las colaboraciones y el networking ofrecen numerosos beneficios:
- **Aumento de la Visibilidad**: Colaborar con otros creadores te expone a nuevas audiencias, aumentando tu visibilidad.
- **Engagement Mejorado**: El contenido colaborativo tiende a generar más engagement debido a la novedad y la participación de múltiples creadores.
- **Aprendizaje y Crecimiento**: Aprender de otros creadores y compartir conocimientos puede ayudarte a mejorar tu contenido y estrategias.
- **Oportunidades de Monetización**: Las colaboraciones con marcas y otros creadores pueden abrir oportunidades de monetización a través de contenido patrocinado y promociones pagadas.

En resumen, las colaboraciones y el networking son estrategias esenciales para crecer en TikTok. Identifica colaboradores adecuados, propón colaboraciones de manera efectiva, ejecuta las colaboraciones con calidad, participa en comunidades, y aprovecha los eventos y foros para construir una red sólida. Estas acciones no solo aumentarán tu visibilidad y engagement, sino que también te brindarán oportunidades de aprendizaje y monetización.

Punto 13: Consejos y Trucos Avanzados para TikTok

Para llevar tu contenido en TikTok al siguiente nivel, es fundamental aprovechar consejos y trucos avanzados que pueden ayudarte a destacar entre la multitud. Aquí te presento algunas estrategias avanzadas para mejorar la calidad de tus videos, aumentar tu visibilidad y maximizar el engagement.

13.1. Uso Efectivo de Transiciones

Las transiciones suaves y creativas pueden hacer que tus videos se vean más profesionales y atractivos:

- **Transiciones Manuales**: Experimenta con transiciones manuales como saltos, giros y cambios de ropa. Practica estos movimientos para que se vean fluidos y naturales.
- **Efectos de Transición**: Utiliza los efectos de transición incorporados en TikTok para agregar dinamismo a tus videos. Explora diferentes efectos para encontrar los que mejor se adapten a tu estilo.
- **Sincronización con la Música**: Alinea tus transiciones con el ritmo de la música para crear un efecto más impactante y atractivo visualmente.

13.2. Edición Creativa y Herramientas Externas

Mejora la calidad de tus videos mediante la edición creativa y el uso de herramientas externas:

- **Software de Edición**: Utiliza software de edición de video como Adobe Premiere Pro, Final Cut Pro, o aplicaciones móviles como InShot y CapCut para agregar efectos avanzados y mejorar la calidad de tus videos.
- **Filtros y Efectos**: Experimenta con filtros y efectos para

darle un toque único a tu contenido. TikTok ofrece una amplia gama de opciones, pero también puedes explorar opciones externas.
- **Corrección de Color**: Ajusta el color y la iluminación de tus videos para hacerlos más atractivos visualmente. La corrección de color puede transformar un video ordinario en algo espectacular.

13.3. Incorporación de Texto y Subtítulos

Añadir texto y subtítulos puede aumentar la accesibilidad y el engagement de tus videos:
- **Subtítulos Automáticos**: Utiliza la función de subtítulos automáticos de TikTok para facilitar la comprensión del contenido a personas con dificultades auditivas o que prefieren ver videos sin sonido.
- **Texto en Pantalla**: Añade texto en pantalla para resaltar puntos clave, proporcionar contexto adicional o agregar elementos de humor y creatividad.
- **Tipografías Atractivas**: Experimenta con diferentes tipografías y estilos de texto para que coincidan con la estética de tu contenido.

13.4. Estrategias de Interacción con la Audiencia

Fomentar la interacción con tu audiencia es clave para construir una comunidad leal:
- **Preguntas y Encuestas**: Utiliza preguntas y encuestas en tus videos para involucrar a tu audiencia y obtener feedback. Las interacciones directas pueden aumentar el engagement.
- **Respuestas a Comentarios**: Responde a los comentarios de tus seguidores de manera regular. Esto no solo muestra que te importa su opinión, sino que también puede generar más conversaciones en tus videos.
- **Retos de la Audiencia**: Crea retos y anima a tus seguidores a participar. Esto puede generar un alto nivel de engagement y atraer nuevos seguidores.

13.5. Optimización para el Algoritmo de TikTok

Entender y optimizar para el algoritmo de TikTok puede aumentar la visibilidad de tus videos:

- **Tiempo de Visualización**: Crea contenido que mantenga la atención del espectador hasta el final. Videos más largos y con una historia interesante pueden aumentar el tiempo de visualización.
- **Frecuencia de Publicación**: Publica contenido de manera regular. La consistencia puede ayudar a que el algoritmo promueva más tus videos.
- **Engagement Temprano**: Los primeros minutos después de publicar son cruciales. Anima a tus seguidores a interactuar con tu video tan pronto como se publique para impulsar su rendimiento.

13.6. Utilización de Trucos y Hacks Técnicos

Aprovecha trucos y hacks técnicos para mejorar la calidad y efectividad de tus videos:

- **Grabación en Alta Definición**: Siempre graba en la mayor calidad posible. La calidad del video es un factor importante para atraer y mantener a los espectadores.
- **Optimización de la Luz y el Sonido**: Utiliza buena iluminación y asegúrate de que el sonido sea claro. Estos factores pueden hacer una gran diferencia en la calidad de tus videos.
- **Velocidad de Reproducción**: Experimenta con la velocidad de reproducción para agregar un efecto dramático o cómico. Puedes acelerar o ralentizar partes del video para enfatizar ciertos momentos.

13.7. Análisis y Ajuste Continuo

El análisis continuo y el ajuste de tu estrategia son esenciales para el crecimiento a largo plazo:

- **Revisión de Analíticas**: Utiliza las analíticas de TikTok para revisar el rendimiento de tus videos. Observa métricas como el tiempo de visualización, el engagement y la tasa de retención.
- **A/B Testing**: Realiza pruebas A/B con diferentes tipos de contenido, estilos y horarios de publicación para ver qué funciona mejor.
- **Adaptación a las Tendencias**: Mantente actualizado con las últimas tendencias y ajusta tu contenido en

consecuencia para mantenerte relevante.

13.8. Beneficios de Implementar Estrategias Avanzadas

Implementar estrategias avanzadas ofrece múltiples beneficios:

- **Mayor Calidad de Contenido**: Mejora la calidad visual y auditiva de tus videos, haciendo que sean más atractivos para los espectadores.
- **Aumento del Engagement**: Estrategias como la interacción con la audiencia y la optimización para el algoritmo pueden aumentar significativamente el engagement.
- **Crecimiento de Seguidores**: Un contenido de alta calidad y una estrategia efectiva pueden atraer nuevos seguidores y ayudar a construir una audiencia leal.

En resumen, implementar consejos y trucos avanzados puede llevar tu contenido en TikTok al siguiente nivel. Usa transiciones creativas, mejora la edición de tus videos, incorpora texto y subtítulos, fomenta la interacción con tu audiencia, optimiza para el algoritmo, utiliza hacks técnicos y realiza un análisis y ajuste continuo. Estas estrategias avanzadas te ayudarán a destacar en TikTok y alcanzar tus objetivos de crecimiento y engagement.

Punto 14: Monitoreo y Adaptación de Estrategias

El monitoreo y la adaptación constante de tus estrategias son esenciales para mantener y mejorar tu rendimiento en TikTok. Esta sección se enfoca en cómo realizar un seguimiento efectivo de tus métricas, interpretar los datos y ajustar tus estrategias en función de estos conocimientos para lograr un crecimiento sostenido.

14.1. Herramientas de Monitoreo

Para monitorear eficazmente tu rendimiento en TikTok, utiliza las herramientas analíticas disponibles en la plataforma y otras herramientas externas:

- **Analíticas de TikTok**: Utiliza la sección de analíticas en TikTok para rastrear el rendimiento de tus videos. Aquí encontrarás datos sobre vistas, tiempo de visualización, interacciones y la demografía de tu audiencia.
- **Herramientas Externas**: Considera el uso de herramientas externas como Hootsuite, SocialBee o Sprout Social, que ofrecen análisis más detallados y funcionalidades avanzadas para monitorear tu presencia en TikTok.
- **Informes Personalizados**: Crea informes personalizados para analizar tus datos de manera más profunda y específica, ajustados a tus objetivos particulares.

14.2. Métricas Clave para Evaluar

Focaliza en las métricas clave que te ayudarán a entender el rendimiento de tus videos y el comportamiento de tu audiencia:

- **Vistas de Video**: Monitorea el número de vistas para identificar qué tipo de contenido atrae a más espectadores.
- **Engagement (Me Gusta, Comentarios, Compartidos)**: Analiza el nivel de engagement para comprender qué

videos resuenan más con tu audiencia.

- **Tasa de Retención**: Observa cuánto tiempo permanecen los espectadores viendo tus videos. Una alta tasa de retención indica que tu contenido es atractivo y mantiene la atención.
- **Crecimiento de Seguidores**: Monitorea el incremento en tu número de seguidores para evaluar el impacto de tus estrategias.
- **Demografía de la Audiencia**: Conoce a tu audiencia en términos de edad, género, ubicación y otros datos demográficos para ajustar tu contenido a sus preferencias.

14.3. Interpretación de Datos

La interpretación adecuada de los datos es crucial para tomar decisiones informadas:

- **Identificación de Tendencias**: Busca patrones en los datos para identificar qué tipo de contenido funciona mejor y en qué momentos del día o semana es más efectivo publicar.
- **Comparación de Videos**: Compara el rendimiento de diferentes videos para identificar características comunes en los videos más exitosos.
- **Feedback Directo**: Considera el feedback directo de tus seguidores en los comentarios y mensajes para entender mejor sus preferencias y expectativas.

14.4. Ajuste de Estrategias

Basado en la interpretación de los datos, ajusta tus estrategias para mejorar el rendimiento:

- **Optimización del Contenido**: Si ciertos tipos de videos tienen un rendimiento superior, crea más contenido en esa línea. Experimenta con diferentes formatos y estilos basados en los datos.
- **Programación de Publicaciones**: Ajusta los horarios de tus publicaciones según las horas pico de actividad de tu audiencia para maximizar la visibilidad.
- **Uso de Hashtags**: Evalúa el rendimiento de los hashtags que estás utilizando y ajusta tu estrategia de hashtags

para aumentar la visibilidad y el alcance.
- **Colaboraciones**: Si las colaboraciones con otros creadores han sido exitosas, busca más oportunidades para colaborar y expandir tu audiencia.

14.5. Adaptación a Cambios en la Plataforma

TikTok es una plataforma dinámica que cambia constantemente. Adaptarte a estos cambios es crucial:
- **Nuevas Funciones**: Mantente al tanto de las nuevas funciones y actualizaciones de TikTok. Incorpora estas herramientas en tu estrategia para mantener tu contenido fresco y relevante.
- **Cambios en el Algoritmo**: Esté atento a los cambios en el algoritmo de TikTok y ajusta tus estrategias en consecuencia para maximizar el alcance y el engagement.
- **Tendencias Emergentes**: Adáptate rápidamente a las tendencias emergentes en la plataforma para mantenerte relevante y captar la atención de tu audiencia.

14.6. Pruebas y Experimentación

La experimentación continua es clave para encontrar nuevas oportunidades de crecimiento:
- **Pruebas A/B**: Realiza pruebas A/B para comparar diferentes versiones de tus videos y descubrir qué elementos funcionan mejor.
- **Nuevos Formatos y Estilos**: Experimenta con nuevos formatos y estilos de contenido para mantener tu audiencia interesada y atraer nuevos seguidores.
- **Feedback y Ajustes**: Usa el feedback de tu audiencia para hacer ajustes rápidos y precisos en tu contenido y estrategias.

14.7. Beneficios de la Adaptación Continua

El monitoreo y la adaptación continua ofrecen múltiples beneficios:

- **Optimización del Rendimiento**: Mejora constante de tus métricas clave como vistas, engagement y crecimiento de seguidores.
- **Relevancia y Competitividad**: Mantén tu contenido relevante y competitivo en un entorno de rápido cambio.
- **Innovación y Creatividad**: Fomenta la innovación y la creatividad al probar nuevas ideas y estrategias.

En resumen, el monitoreo y la adaptación constante de tus estrategias en TikTok son esenciales para el éxito a largo plazo. Utiliza herramientas de monitoreo para rastrear tus métricas clave, interpreta los datos para tomar decisiones informadas, ajusta tus estrategias según los insights obtenidos, adáptate a los cambios en la plataforma, y experimenta continuamente para encontrar nuevas oportunidades de crecimiento. Esta práctica te ayudará a optimizar tu rendimiento, mantener la relevancia y maximizar tu impacto en TikTok.

RECOMENDACIÓN FINAL

Para tener éxito en TikTok y lograr la viralidad de tus videos, es fundamental adoptar un enfoque estratégico y flexible. Aquí tienes algunas recomendaciones clave para maximizar tu potencial en la plataforma:

1. Mantén la Autenticidad

La autenticidad es uno de los factores más importantes para conectar con tu audiencia. Sé tú mismo y muestra tu personalidad única en cada video. La gente valora la autenticidad y es más probable que sigan y apoyen a creadores que se sienten genuinos.

2. Publica Consistentemente

La consistencia es clave para construir una presencia sólida en TikTok. Establece un calendario de publicaciones y adhiérete a él. Publicar regularmente no solo mantiene a tu audiencia comprometida, sino que también puede mejorar tu visibilidad en el algoritmo de TikTok.

3. Interactúa con tu Audiencia

La interacción con tu audiencia es crucial para construir una comunidad leal. Responde a los comentarios, haz preguntas en tus videos y participa en desafíos y tendencias. Cuanta más interacción generes, más probable es que TikTok promueva tu contenido.

4. Aprovecha las Tendencias

Mantente al tanto de las últimas tendencias y desafíos en TikTok y participa en ellos. Esto puede aumentar significativamente la visibilidad de tus videos, ya que los usuarios a menudo buscan contenido relacionado con las tendencias actuales.

5. Colabora con Otros Creadores

Las colaboraciones pueden expandir tu audiencia y proporcionar nuevas ideas y perspectivas. Busca creadores que compartan intereses similares y propón colaboraciones que beneficien a ambas partes.

6. Mejora Continuamente tu Contenido

Siempre busca maneras de mejorar la calidad de tu contenido. Experimenta con nuevas técnicas de edición, transiciones y efectos. Aprende de tus videos anteriores y ajusta tu estrategia en función de lo que funcione mejor.

7. Utiliza Hashtags Estratégicamente

El uso de hashtags relevantes puede aumentar la visibilidad de tus videos. Investiga qué hashtags son populares en tu nicho y úsalos estratégicamente para alcanzar una audiencia más amplia.

8. Monitorea tus Métricas

Utiliza las herramientas analíticas de TikTok para monitorear el rendimiento de tus videos. Presta atención a métricas como vistas, tiempo de visualización, engagement y crecimiento de seguidores. Ajusta tus estrategias en función de estos datos para optimizar tu rendimiento.

9. Sé Flexible y Adaptable

TikTok es una plataforma en constante evolución. Sé flexible y dispuesto a adaptarte a los cambios en el algoritmo, las tendencias y las preferencias de tu audiencia. La capacidad de adaptación es clave para mantenerse relevante y competitivo.

10. Diviértete y Sé Creativo

Finalmente, recuerda que TikTok es una plataforma diseñada para la creatividad y la diversión. Disfruta del proceso de creación de contenido y no tengas miedo de experimentar y probar cosas nuevas. La pasión y la creatividad son contagiosas y pueden ayudarte a destacar en la plataforma.

Siguiendo estas recomendaciones y aplicando las estrategias discutidas en este libro, estarás bien encaminado para lograr la viralidad en TikTok y construir una presencia sólida y exitosa en la plataforma. ¡Buena suerte y feliz creación de contenido!

CONCLUSIÓN

TikTok se ha convertido en una plataforma esencial para creadores de contenido, marcas y usuarios que buscan entretenimiento y conexión en el mundo digital. Alcanzar la viralidad en TikTok no es una ciencia exacta, pero con las estrategias adecuadas, puedes maximizar tus oportunidades de éxito. A lo largo de este libro, hemos explorado diversos aspectos y técnicas para ayudarte a construir una presencia sólida y efectiva en TikTok. A continuación, recapitulamos los puntos clave y te ofrecemos algunas reflexiones finales.

1. Conoce a tu Audiencia

Entender a tu audiencia es fundamental para crear contenido relevante y atractivo. Investiga sus intereses, comportamientos y preferencias para adaptar tus videos a sus expectativas. La conexión emocional y la relevancia son factores clave para atraer y retener seguidores.

2. Crea Contenido de Calidad

La calidad del contenido es esencial para captar la atención de los espectadores. Invierte tiempo en la producción, edición y optimización de tus videos. Utiliza técnicas avanzadas de edición, efectos creativos y transiciones suaves para hacer que tu contenido destaque.

3. Sé Consistente

La consistencia es clave para el éxito a largo plazo en TikTok. Establece un calendario de publicaciones y mantén una frecuencia regular para mantener a tu audiencia comprometida. La regularidad también ayuda a mejorar tu visibilidad en el algoritmo de TikTok.

4. Participa en Tendencias y Desafíos

Mantente al día con las tendencias y desafíos populares en TikTok y participa en ellos. Esto no solo aumenta la visibilidad de tus videos, sino que también te ayuda a conectar con una audiencia más amplia. Adaptar las tendencias a tu estilo personal puede hacer que tu contenido sea único y memorable.

5. Interactúa con tu Comunidad

La interacción con tu audiencia es crucial para construir una comunidad leal. Responde a los comentarios, realiza encuestas, y crea contenido basado en el feedback de tus seguidores. La participación activa muestra que valoras a tu audiencia y fomenta un mayor engagement.

6. Colabora con Otros Creadores

Las colaboraciones son una excelente manera de expandir tu audiencia y aprender de otros creadores. Busca colaboraciones que sean beneficiosas para ambas partes y que aporten valor a tus seguidores. Las colaboraciones también pueden introducirte a nuevas audiencias y aumentar tu visibilidad.

7. Monitorea y Adapta tus Estrategias

El análisis continuo de tus métricas es esencial para entender qué funciona y qué no. Utiliza las herramientas analíticas de TikTok para monitorear el rendimiento de tus videos y ajusta tus estrategias en consecuencia. La adaptación constante es clave para mantenerse relevante en una plataforma dinámica como TikTok.

Reflexiones Finales

TikTok ofrece una plataforma única para la creatividad, la expresión personal y la conexión con una audiencia global. La clave para tener éxito en TikTok radica en ser auténtico, consistente y adaptable. No tengas miedo de experimentar y probar nuevas ideas. La creatividad y la pasión son los motores que impulsan el éxito en TikTok.

Recuerda que el camino hacia la viralidad puede ser impredecible y desafiante. Sin embargo, con dedicación, esfuerzo y las estrategias adecuadas, puedes alcanzar tus objetivos y disfrutar del proceso de creación de contenido. Aprovecha cada oportunidad para aprender, crecer y conectar con tu audiencia. ¡Buena suerte en tu viaje hacia la viralidad en TikTok!

DEDICATORIA

A todos los creadores de contenido apasionados y a aquellos que buscan expresar su creatividad de maneras únicas e innovadoras.

A mis amigos y familiares, que siempre me han apoyado incondicionalmente en todos mis proyectos y me han motivado a seguir adelante.

A la comunidad de TikTok, por inspirar con su creatividad, ingenio y energía contagiosa. Sin ustedes, este viaje no habría sido posible.

Y, por último, a todos los soñadores que se atreven a compartir su voz y su talento con el mundo. Este libro es para ustedes. Que cada video sea una manifestación de su auténtico ser y que encuentren en TikTok una plataforma para brillar.

Con gratitud y admiración, Losvania Pereyra

AGRADECIMIENTO

Primero y sobre todas las cosas, deseo expresar mi más profundo agradecimiento a Dios, fuente de toda sabiduría y guía en cada paso de este viaje. Con humildad y gratitud, reconozco Su bondad y provisión, permitiéndome compartir este conocimiento sobre el sueño y el bienestar. Su amor incondicional ha sido mi fortaleza, inspiración y consuelo durante la creación de este libro.

A mis queridos lectores, les extiendo mi más sincero agradecimiento por su interés y dedicación. Este libro es un testimonio de nuestro compromiso compartido con la salud y el bienestar. Vuestra confianza y apoyo han sido el motor que me ha impulsado a explorar y presentar ideas sobre cómo mejorar nuestro descanso y, por ende, nuestras vidas.

Agradezco a cada uno de ustedes por acompañarme en este viaje de descubrimiento y aprendizaje. Vuestras preguntas, comentarios y reflexiones han enriquecido profundamente este trabajo. Cada interacción ha sido una oportunidad para crecer y mejorar, y estoy sinceramente agradecido por su contribución a este proceso.

Agradezco también a mi familia y amigos por su amor, paciencia y aliento incondicional a lo largo de este viaje. Vuestra presencia constante y apoyo han sido un faro de luz en los momentos de desafío y celebración. Sin su apoyo, este libro no habría sido posible, y por eso les estoy eternamente agradecido.

Finalmente, quiero agradecer a todos los que han colaborado directa o indirectamente en la realización de este libro. A los expertos, editores, y equipos de producción que han aportado su experiencia y dedicación para llevar este proyecto a buen término. Su compromiso y profesionalismo han sido fundamentales para dar vida a estas páginas.

Con todo mi corazón, agradezco a Dios y a ustedes, mis queridos lectores, por hacer posible este libro. Que cada página sea una fuente de inspiración y conocimiento para mejorar nuestra salud y bienestar. Que podamos seguir creciendo juntos en nuestro viaje hacia una vida más plena y satisfactoria.

EPÍLOGO

Al concluir este viaje a través de las estrategias, técnicas y secretos para alcanzar la viralidad en TikTok, es importante reflexionar sobre el camino recorrido y lo que significa ser un creador de contenido en la era digital.

TikTok ha revolucionado la forma en que compartimos y consumimos contenido. Desde sus inicios, ha brindado una plataforma accesible para millones de personas en todo el mundo, permitiendo que cualquiera con un teléfono y una idea pueda convertirse en una estrella viral. La diversidad de contenido y la creatividad que se encuentra en TikTok es un testimonio del poder de la expresión individual y de cómo las redes sociales pueden conectar a personas de todas partes.

A lo largo de este libro, hemos explorado cómo conocer a tu audiencia, crear contenido de calidad, mantenerse consistente, participar en tendencias, interactuar con la comunidad, colaborar con otros creadores, y monitorear y adaptar tus estrategias. Estos elementos son fundamentales para construir una presencia sólida en TikTok, pero más allá de las técnicas y estrategias, el éxito en TikTok y en cualquier plataforma social radica en la autenticidad y la pasión.

Cada video que creas es una pieza de ti mismo que compartes con el mundo. Ya sea que estés bailando, cantando, actuando, enseñando, o simplemente compartiendo un momento de tu vida, lo más importante es que lo hagas con genuino entusiasmo y alegría. Los espectadores pueden sentir esa autenticidad, y es eso lo que realmente resuena con ellos.

Además, es esencial recordar que el camino hacia la viralidad no siempre es lineal ni predecible. Habrá altos y bajos, videos que se vuelvan virales inesperadamente y otros que no reciban la atención que esperabas. La clave es mantener la pasión y la perseverancia, seguir aprendiendo y adaptándote, y disfrutar del proceso de creación.

El impacto de TikTok va más allá de los números y las métricas. Es una herramienta poderosa para la autoexpresión, la creatividad y la conexión humana. Ya sea que tu objetivo sea alcanzar la fama viral, construir una comunidad leal o simplemente divertirte y compartir tu arte, espero que este libro te haya proporcionado las herramientas y la inspiración necesarias para perseguir y alcanzar tus sueños.

Gracias por acompañarme en este viaje. Continúa creando, compartiendo y conectando. El mundo está esperando ver lo que tú puedes aportar. ¡Buena suerte y feliz creación de contenido en TikTok!

Con gratitud, Losvania Pereyra

APÉNDICE

El apéndice de este libro contiene recursos adicionales, ejemplos prácticos y plantillas que te ayudarán a implementar las estrategias discutidas. Aquí encontrarás herramientas útiles, referencias y consejos específicos para mejorar tu presencia en TikTok.

A.1. Recursos Útiles

Herramientas de Edición de Video:

- **Adobe Premiere Pro:** Software profesional para edición de video con una amplia gama de herramientas avanzadas.
- **Final Cut Pro:** Herramienta de edición de video de Apple, ideal para usuarios de Mac.
- **InShot:** Aplicación móvil fácil de usar para editar videos directamente desde tu teléfono.
- **CapCut:** Herramienta de edición de video gratuita y muy popular entre los usuarios de TikTok.

Herramientas de Análisis:

- **TikTok Analytics:** La herramienta interna de TikTok para monitorear el rendimiento de tus videos y obtener datos demográficos de tu audiencia.
- **Hootsuite:** Plataforma para gestionar múltiples redes sociales y analizar el rendimiento.

- **Sprout Social:** Herramienta de análisis y gestión de redes sociales con funcionalidades avanzadas.

Aplicaciones para Efectos Especiales:
- **After Effects:** Software de Adobe para la creación de gráficos en movimiento y efectos visuales.
- **Funimate:** Aplicación móvil que permite crear videos con efectos especiales y transiciones llamativas.
- **Lomotif:** Herramienta para crear videos musicales con efectos y filtros.

A.2. Plantillas y Ejemplos

Calendario de Publicaciones:
- **Lunes:** Tutoriales y consejos.
- **Martes:** Videos detrás de cámaras.
- **Miércoles:** Participación en tendencias y desafíos.
- **Jueves:** Colaboraciones con otros creadores.
- **Viernes:** Contenido entretenido y creativo.
- **Sábado:** Sesiones de preguntas y respuestas con la audiencia.
- **Domingo:** Resumen de la semana y planes futuros.

Guion para Video Corto:
1. **Introducción (0-3 segundos):** Captura la atención con una pregunta, hecho interesante o imagen impactante.
2. **Desarrollo (4-15 segundos):** Explica el contenido principal de manera clara y concisa.
3. **Cierre (16-30 segundos):** Llama a la acción, invita a seguirte, comentar o compartir el video.

Ejemplo de Estrategia de Hashtags:
- **Hashtags Genéricos:** #ForYou, #FYP, #Trending, #Viral
- **Hashtags Específicos de Nicho:** #MakeupTips, #FitnessJourney, #CookingHacks
- **Hashtags Personalizados:** #YourBrandNameChallenge, #YourBrandNameTips

A.3. Consejos Adicionales

Mejora la Calidad del Sonido:

- Utiliza un micrófono externo para obtener un sonido claro y profesional.
- Graba en lugares tranquilos para evitar ruidos de fondo.
- Edita el audio para ajustar el volumen y eliminar imperfecciones.

Iluminación:
- Utiliza luz natural siempre que sea posible.
- Invierte en una luz de anillo (ring light) para una iluminación uniforme y profesional.
- Evita grabar en lugares con poca luz o con sombras fuertes.

Interacción con la Audiencia:
- Realiza encuestas y preguntas para involucrar a tus seguidores.
- Responde a los comentarios de manera rápida y amistosa.
- Agradece a tus seguidores por su apoyo y participación.

A.4. Enlaces y Referencias

Tutoriales y Cursos:
- **YouTube:** Amplia variedad de tutoriales gratuitos sobre edición de video, creación de contenido y estrategias para TikTok.
- **Coursera:** Cursos en línea sobre marketing digital, producción de video y redes sociales.
- **Udemy:** Cursos accesibles sobre TikTok, edición de video y marketing en redes sociales.

Comunidades y Foros:
- **Reddit:** Subreddits como r/TikTok, r/VideoEditing y r/SocialMediaMarketing.
- **TikTok Creators Community:** Grupos de Facebook y foros en línea donde los creadores de contenido comparten consejos y experiencias.

A.5. Ejemplos de Casos de Éxito

Caso 1: Addison Rae Addison Rae se convirtió en una de

las estrellas más grandes de TikTok al compartir videos de baile y colaboraciones con otros influencers. Su autenticidad y habilidades de baile capturaron la atención de millones de seguidores.

Caso 2: Charli D'Amelio Charli D'Amelio alcanzó la fama en TikTok gracias a sus videos de baile y su participación en desafíos virales. Su consistencia y talento le permitieron acumular una enorme cantidad de seguidores en poco tiempo.

Caso 3: Zach King Zach King es conocido por sus videos de magia y efectos visuales. Sus videos creativos y bien editados lo han convertido en una figura popular en TikTok y otras plataformas de redes sociales.

Reflexión Final

El éxito en TikTok no se trata solo de seguir una fórmula, sino de encontrar tu voz única y conectarte con tu audiencia de manera auténtica. Utiliza las herramientas, recursos y estrategias compartidas en este libro para potenciar tu creatividad y alcanzar tus objetivos. Recuerda que cada creador tiene un camino diferente, y la clave está en disfrutar del proceso y aprender en cada paso del camino. ¡Buena suerte y sigue creando contenido increíble en TikTok!

Estos son los puntos clave para concluir el libro con recursos y ejemplos prácticos que ayudarán a los lectores a implementar las estrategias discutidas. ¿Hay algún otro aspecto específico que te gustaría incluir en el apéndice?

Reseña de Autor

Losvania Pereyra es una destacada especialista en salud y bienestar, con una pasión particular por el estudio y sus efectos en la calidad de vida. Con más de 15 años de experiencia en el campo de la medicina y la investigación, Pereyra ha dedicado su carrera a ayudar a individuos y comunidades a entender la importancia del descanso adecuado.

Graduada con honores de la Universidad Autónoma de Santo

Domingo de Salud y Bienestar, Pereyra ha publicado numerosos artículos científicos en revistas especializadas y ha participado como conferencista en congresos internacionales sobre sueño y salud. Su enfoque integrador combina el rigor científico con un profundo compromiso hacia el bienestar holístico de sus pacientes y lectores.

Además de su labor clínica y académica, Pereyra es autora de varios libros aclamados sobre el sueño y la salud, incluyendo "El Punto 4: Sueño y Descanso", donde explora desde los fundamentos científicos del sueño hasta las prácticas cotidianas para mejorar la calidad del descanso. Su capacidad para comunicar conceptos complejos de manera accesible y motivadora la ha convertido en una voz respetada en su campo.

Como defensora apasionada de la salud preventiva, Pereyra continúa trabajando activamente en proyectos de investigación y educación comunitaria, con el objetivo de empoderar a las personas para que tomen control de su bienestar a través del sueño y hábitos de vida saludables. Su compromiso con la educación y la divulgación la ha llevado a ser reconocida como una líder de opinión en el ámbito de la salud y el bienestar.

LOSVANIA PEREYRA

www.ingramcontent.com/pod-product-compliance
Lightning Source LLC
Chambersburg PA
CBHW071839210526
45479CB00001B/210